AF403708

A. DE LABERGE & E. VAUQUELIN

LA

FAMILLE D'ORLÉANS

ET

SA FORTUNE

Prix : 60 centimes.

PARIS

A. LE CHEVALIER, ÉDITEUR

61, rue Richelieu, 61

LONDRES

A. MAURICE, LIBRAIRE

13, Tavistock Row, Covent-Garden W. C.

1872

LA FAMILLE D'ORLÉANS

ET SA FORTUNE

Imprimerie L. TOINON et Cie, à Saint-Germain.

A. DE LABERGE & E. VAUQUELIN

LA
FAMILLE D'ORLÉANS
ET
SA FORTUNE

PARIS | LONDRES
A. LE CHEVALIER, ÉDITEUR | A. MAURICE, LIBRAIRE
61, rue Richelieu, 61 | 13, Tavistock Row, Covent-Garden W. C.

1872

LA FAMILLE D'ORLÉANS

ET SA FORTUNE

PREMIÈRE PARTIE.

I.

La famille d'Orléans, son esprit, sa politique. — Philippe de
France, frère de Louis XIV. — Origines de sa fortune. —
Apanages, biens et pensions qu'il lègue à son fils.

On a dit de certains hommes que peindre leur
caractère, c'était raconter leur vie. Le même rapport
peut s'établir entre la fortune et la politique de la
maison d'Orléans. L'histoire de l'une est l'explica-
tion de l'autre. Tous les actes des membres de cette
famille sont marqués au coin de l'intérêt, l'or est
l'agent fatal de toutes leurs intrigues. S'enrichir
pour escalader le pouvoir, escalader le pouvoir pour

s'enrichir, tel est le double but qu'ils ont sans cesse poursuivi, sinon avec un égal succès, du moins avec une égale persévérance.

Avares par tempérament, prodigues par calcul, ces princes ont toujours eu deux trésors à leur portée, celui de leur patrimoine, qu'ils épargnaient avec une fidèle sollicitude, celui de l'Etat, dans lequel ils puisaient, à pleines mains, l'or de leurs générosités. Et, comme pour bien indiquer que leur avarice n'avait rien à redouter de leur ambition, à peine arrivés au trône, ils s'empressèrent de séparer leur fortune de celle de l'État, — afin de ne jamais perdre la première et de pouvoir toujours reconquérir la seconde.

Le chef de la famille est Philippe de France, frère de Louis XIV. Chez ce prince, « médiocre d'esprit et de cœur, » selon l'expression d'un historien, le type de la race n'est encore qu'à l'état d'ébauche. La dynastie n'a pas encore trouvé son fondateur, la maison de banque seule apparaît.

Monsieur (c'est le nom qu'on donnait à Philippe de France comme frère du roi) avait trahi, dès l'âge le plus tendre, son goût pour le luxe et l'amour instinctif de sa race pour la propriété. Son aumônier raconte qu'à quinze ans, il se plaignit amèrement au roi de ne pas avoir de fortune personnelle et d'être obligé de monter dans les carrosses royaux (1). Louis XIV ne tarda pas à satisfaire cette

---

1. *Les dits Notables de M. Philippe de France,* par le S. Révérend, son aumônier. Paris, 1655, in-8°.

ambition qui n'était dangereuse que pour les finances du pays, et en 1661 des lettres patentes du roi autorisaient Philippe à prendre le titre de duc d'Orléans et lui donnaient les biens apanagers de Gaston d'Orléans qui venait de mourir.

Cet apanage ou cession des droits fiscaux de la couronne sur une partie du territoire ouvre la série des dons fabuleux que les d'Orléans reçurent tant de Louis XIV que de Louis XV. Il est probable qu'avant 1661 une pension dont le jeune prince était le titulaire figurait au compte des finances, mais aucune pièce ne nous a permis de le constater.

L'apanage, indiqué dans les lettres patentes de 1661, se composait des revenus des terres royales des duchés d'Orléans, de Valois, de Chartres et de la seigneurie de Montargis, jusqu'à concurrence de 200,000 livres. Cette dernière clause importante qui réservait, dans une certaine mesure, les intérêts du budget ne fut jamais observée, grâce aux complaisances aveugles de Louis XIV et de ses successeurs. De nombreux droits que le fisc avait entendu se garder, furent perçus jusqu'en 1790 par la famille d'Orléans (1).

A peu près vers la même époque, le roi fit cadeau du château de Saint-Cloud et des domaines qui l'entouraient à son frère. L'édifice construit par Lepautre et Hardouin Mansard, les jardins

1. *Rapport d'Enjubault à l'Assemblée nationale* (décembre 1790).

dessinés par Le Nostre, en faisaient, disent les historiens du temps, la plus belle des résidences. Les expropriations avaient coûté 462,000 livres, les constructions exigèrent une somme presque double. Si donc l'on ajoute à ce premier capital le don de la seigneurie de Sèvres constaté dans les lettres patentes de 1677, on arrive à cette conclusion que les finances de l'État perdirent dans le château de Saint-Cloud les intérêts d'une somme de 1 million 200,000 livres, pendant cent vingt-trois ans.

Nous verrons plus tard comment les descendants de Philippe, après avoir joui, un siècle durant, de cette propriété eurent le courage de la revendre (1784) six millions à la couronne (1).

Une rente de 200,000 livres que des droits illégalement perçus augmentaient sans cesse et le château de Saint-Cloud ne pouvaient suffire à l'avidité de Philippe. Le jeu, des prodigalités de toutes sortes, une passion honteuse ruinaient ce prince. « Le » miracle d'enflammer son cœur n'était réservé à » aucune femme (2). » Le duc d'Orléans gardait toutes ses tendresses et ses générosités pour deux de ses jeunes gentilshommes, le chevalier de Lorraine et le marquis d'Effiat.

Ces exigences nouvelles obligèrent Louis XIV à tailler un second apanage dans le domaine royal. En 1672 de nouvelles lettres patentes augmentèrent la

1. *Souvenirs historiques des résidences royales,* par Vatout. 1842, t. V.
2. *Mémoires de Madame de Lafayette.*

dotation de Philippe du duché de Nemours et des seigneuries de Dourdan, Romorantin, Coucy, Villers-Cotterets et Folembray, soit un nouveau revenu supérieur à 100,000 livres.

Louis XIV paraissait très-affecté de la conduite scandaleuse de son frère. « Philippe, lui disait-il, » réfléchissez mieux, songez à votre maison, » mais Philippe n'en faisait rien et Louis XIV était contraint de renouveler sans cesse ses donations pour maintenir son frère à son rang. C'est ainsi que « le roi qui savait le duc d'Orléans avare pour tou- » tes choses, excepté pour ses favoris, lui donna » 200,000 livres pour faire continuer la grande » cascade de Saint-Cloud dont les travaux étaient » arrêtés (1). »

En 1693 l'apanage d'Orléans s'augmenta du duché de Montpensier, revenu : 25,000 livres, et d'une partie des biens particuliers de la fille de Gaston d'Orléans, la grande Mademoiselle si connue par ses amours avec Lauzun. Cette fortune devait légitimement faire retour à la couronne, mais « Monsieur et Madame ne quittèrent point la » grande Mademoiselle pendant sa maladie. Mon- » sieur *muguetoit* sa succession et fut en effet son » légataire universel (2). » Cette courte phrase de Saint-Simon en dit plus long que tous les commentaires que nous pourrions ajouter. Constatons seulement qu'à partir de 1693, Philippe compte en

1. Capefigue, *Histoire de Louis XIV.*
2. Saint-Simon, *Mémoires,* t. Ier.

terres du domaine, apanages de 1661, de 1672, de 1693, un revenu d'au moins 400,000 livres par an.

C'était là sans doute une fortune magnifique sous Louis XIV, mais le train de Philippe ne lui permettait pas de faire des économies sur ses rentes. Nous avons donc pensé qu'à côté de ces revenus domaniaux le duc d'Orléans avait pour autres ressources des pensions. L'absence de documents détaillés sur les budgets de la cour, nous a mis dans l'impuissance d'apporter les chiffres officiels, mais nous avons fouillé les historiens de l'époque et nous avons constaté, qu'en dehors des apanages, Louis XIV avait constitué à son frère des pensions considérables. Saint-Simon nous donne un chiffre approximatif et, comme cet écrivain était l'ami intime et le confident du Régent, il y a tout lieu de croire que son appréciation est exacte. Or il estime la valeur des pensions servies à Philippe et continuées à son fils de 1670 à 1723 à 650,000 livres (1). D'un autre côté, dans les budgets publiés par Torbonnais, les dépenses de la maison d'Orléans s'élèvent à 1,100,000 livres annuellement.

A la fin du xvii° siècle le premier prince de la famille d'Orléans prenait donc à la fortune nationale plus d'un million et demi par an.

Nous disons « le premier prince » et cette qualification n'est pas sans importance, car cette

---

1. Saint-Simon, *Mémoires,* t. III.

somme n'était pas la seule payée par la France à la famille. Une des filles de Philippe, Anne d'Orléans, vient à son tour prendre sa part du gâteau. En 1684, des lettres patentes lui constituent une dot de 900,000 livres.

En 1699, Philippe marie sa seconde fille, Élisabeth-Charlotte, et le Trésor verse de nouveau dans les mains de la famille d'Orléans une nouvelle somme de 900,000 livres (1).

« Pendant ce temps la misère la plus profonde
» affligeait le royaume, dit un écrivain, les impôts
» ne rentraient plus, le peuple était affamé et les
» villages devenaient déserts. »

1. Saint-Simon, *Mémoires*, t. III.

II.

Le duc de Chartres, son mariage. — Le Palais-Royal. — Les
princes et le budget. — Nouvelles donations de Louis XV. —
Prodigalités ruineuses du Régent.

Nous avons vu le père, voici maintenant le fils,
le duc de Chartres, le futur Régent, l'Henri IV et
le Louis XIV de la branche cadette. Ici le type se
dessine, s'accentue. Les vices sont plus insolents,
l'ambition plus audacieuse, le cynisme plus profond.

Le fils de Philippe de France devait coûter encore
plus cher à sa patrie, car désormais la maison d'Orléans n'a pas seulement la fièvre de l'or, elle s'est
emparée du pouvoir en déchirant le testament de
Louis XIV; il lui faut à tout prix conserver les créatures qui l'ont aidée dans son usurpation. Aussi le
fleuve d'argent coule-t-il double : le trésor de famille augmente dans des proportions fabuleuses;
les domaines patrimoniaux s'arrondissent par lettres
patentes et la spéculation va rafler, sous forme de

primes de la Compagnie des Indes, les millions de la bourgeoisie et du peuple (1).

La fortune particulière du Régent, alors simple duc de Chartres, commence à se former en 1692. Son mariage avec Mlle de Blois, fille adultérine de Mme de Montespan et de Louis XIV, en est l'occasion. Le roi lui avait déjà donné le Palais-Royal comme apanage, la donation fut confirmée dans le contrat, et il est à peu près certain qu'une pension de 100,000 écus fut accordée au duc de Chartres vers la même époque (2).

Ces donations s'expliquent suffisamment par le scandale que fit ce mariage. Les d'Orléans comprenaient tout ce que cette mésalliance avait de honteux pour eux, princes du sang, mais comme l'exprime très-bien Capefigue (3), « ils avaient besoin
» de se remettre en grâce auprès du roi. Monsieur
» était un peu boudé, on lui rendait toute faveur à
» l'occasion de ce mariage ; le duc de Chartres *obte-*
» *nait la transmission du Palais-Royal pour remercî-*
» *ment et tout cela compensait un peu de honte pour*
» *les armoiries.* »

Pour le budget le mariage se solda par une dépense de plus d'un million, la perte du Palais-Royal, et 100,000 écus de rentes nouvelles à payer, sans compter ce que coûtèrent ensuite les prodigalités de

---

1. Thiers; *Notice sur Law.* — Levasseur, *Recherches sur le système de Law.*

2. Saint-Simon, *Mémoires*, t. III.

3. Capefigue, *Histoire de la Régence.*

Madame la Duchesse à laquelle Louis XIV ne savait rien refuser. On pouvait espérer que la mort de Monsieur apporterait un allégement dans les charges du Trésor. Elle ne fit au contraire que les accroître. Le nouveau duc d'Orléans hérita de l'immense apanage de son père, des 650,000 livres de rentes servies à Monsieur, et reçut en outre un nouveau don de 330,000 livres de rente. A partir de 1692, il perçut donc, comme pensions 1,300,000 livres, comme revenus de son apanage 650,000 livres (1).

Et nous sommes encore loin de la vérité, car la maison d'Orléans et celle de la duchesse de Bourgogne sont portées au dernier budget de Chamillard (2) pour une somme de *deux millions trois cent vingt mille deux cent quatre-vingt-dix-sept livres*, et il ne s'agit, dans ce compte, que des gentilshommes et valets attachés à la maison d'Orléans *à Versailles*.

Le revenu net de la France à la fin du règne de Louis XIV était environ de 70 millions (3). Monsieur d'Orléans et la duchesse de Bourgogne, deux personnes seulement entraient donc pour près d'un trentième dans les charges du budget !

Quel fut l'accroissement de la fortune de la famille sous la Régence ? Il est fort difficile de répondre à cette question. Sauf les sommes énoncées pré-

1. Saint-Simon, *Mémoires*, t. III. — Capefigue, *Histoire de Louis XIV.*
2. *Compte de finances de 1707.*
3. Henri Martin, *Histoire de France*, t. XV.

cédemment, nous n'avons trouvé d'inscrit dans les comptes officiels que quelques millions dépensés pour Mlle de Montpensier et Mlle de Valois. Suivant l'exemple de son père, le Régent avait pensé que le Trésor, ayant doté ses sœurs, pouvait également doter ses filles. Un apologiste maladroit a essayé d'attribuer à une munificence volontaire de Loüis XV ce qui n'était que le fait des calculs avides du duc d'Orléans. Mais Louis XV n'avait que quinze ans lors du mariage de Louise-Élisabeth de Montpensier, et il est évident qu'à cet âge, on n'avait pu lui confier la disposition des finances de l'État. La dot de la future princesse des Asturies était de 500,000 écus d'or. Le Régent seul pouvait autoriser des ordonnances traitant de sommes aussi considérables.

La dot, au reste, ne fut pas payée, mais des lettres patentes du 11 janvier 1725 en ordonnèrent la liquidation et de 1725 à 1789 le Trésor paya de ce fait à la famille d'Orléans une nouvelle rente de 207,000 livres.

Notons en passant, et pour simple citation, les revenus de l'abbaye d'Auvillé et la charge de grand prieur donnés au chevalier d'Orléans, bâtard du Régent (1), 25,000 livres dépensées en frais de voyage par Mlles de Montpensier et de Valois, et portées au compte du roi ; enfin, de nombreuses sommes de même nature dont on pourrait avoir les

---

1. Saint-Simon, *Mémoires*, t. V.

détails exacts en fouillant la collection des comptes de la Trésorerie et en consultant les ordonnances royales.

Mais que sont ces quelques nouveaux millions arrachés pièce par pièce au budget à côté de la part du Régent dans la désastreuse expérience de Law? Combien de centaines de millions ont été distribués par le duc d'Orléans à ses créatures, à ses valets, à ses maîtresses! M. Thiers évalue à *un milliard sept cent quatre-vingt-dix-sept millions* les bénéfices réalisés par Law dans l'émission des 624,000 actions de la Compagnie des Indes (1). Or il faut lire dans Saint-Simon l'usage qui fut fait de cette prodigieuse somme enlevée à la richesse publique. La foule des courtisans et des filles se rua sur cette proie avec une avidité effrayante. Des pensions de 800,000 livres, de 400,000 livres furent données à de simples gentilshommes ou aux maîtresses des grands seigneurs (2). Les folies les plus insensées, un luxe ridicule et monstrueux s'étalèrent au grand jour. « La politique et la prodi-» galité de Philippe avaient plongé la main à l'envi » dans ce réservoir inépuisable. Les profusions du » Régent avaient dépassé tout ce qu'on peut ima-» giner (3). »

On sait le résultat définitif. Nos finances ne purent se relever du coup qui venait de leur être

1. Thiers, *Notice sur Law.*
2. Saint-Simon, *Mémoires*, t. XVIII, pp. 11, 99, 131, 178.
3. Henri Martin, *Histoire de France*, t. XV.

porté ; les épargnes des classes moyennes allèrent payer les dettes contractées par la noblesse, et, purgée de ses hypothèques par l'or du commerce et de l'industrie, la terre resta aux mains ineptes d'une aristocratie qui n'avait su que la grever sans la rendre productive.

III.

Le fils et le petit-fils du Régent. — Louis-Philippe-Joseph d'Orléans, sa fortune à la mort de son père, son mariage. — Constructions autour du Palais-Royal. — Soixante-quatorze millions
de dette. — Faillite.

Le fils et le petit-fils du Régent n'offrent au point
de vue des biens de la famille d'Orléans qu'un médiocre intérêt. Le premier, dévot bizarre, alla s'en-
fermer quelques années après son mariage dans
l'abbaye de Sainte-Geneviève. La vie du second ne
fut pas moins obscure, sauf dans ses dernières
années, où son mariage avec Mme de Montesson fit
quelque bruit.

Nous aurions passé sous silence l'histoire de ces
deux personnages, si nous n'avions trouvé deux
lettres patentes de 1751 et de 1766 constatant un
nouvel accroissement d'apanage et indiquant que
les d'Orléans poursuivaient avec une ténacité cu-
pide l'œuvre d'absorption territoriale à laquelle ils
s'étaient voués.

En 1751, c'est le comté de Soissons et le domaine

de Laon qu'on réunit aux biens préexistants; en 1766, ce sont les domaines de Marle, la Fère en Tardenois, Ham et Saint-Gobain qui vont arrondir le comté de Vermandois que les d'Orléans cherchent à reconstituer (1).

Tous ces domaines réunis pouvaient atteindre à cette époque (1766) une valeur de *dix millions*. On prétendra peut-être que ces acquisitions ont été faites sur les économies réalisées par le duc Louis, mais que penser de princes qui émargent plusieurs millions par an au budget et qui consacrent ces dons de la nation à la dépouiller de ses meilleurs revenus?

N'est-il pas évident qu'il y a là un scandaleux oubli des lois de l'histoire et de la probité, et que ces économies constituent un véritable vol au préjudice de l'État?

Avec Louis-Philippe-Joseph (plus tard Philippe-Égalité), la race d'Orléans retrouve son type moyen. Ce n'est plus le génie corrompu mais puissant du Régent, ce n'est pas encore l'industrialisme processif et ridicule du bourgeois royal de 1830. Philippe-Égalité tient le milieu entre ces deux décadences, l'une étrange, l'autre grotesque. Il a tous les vices de l'une sans en avoir l'élégance et la finesse, et possède toutes les roueries de la seconde sans en connaître les honteuses pusillanimités.

A la mort de son père, Philippe-Égalité possédait *cinq millions de rentes*. Son mariage, qu'il

1. Ordonnances royales de septembre et de décembre 1766.

avait dirigé et considéré comme une opération financière, vint encore augmenter cette fortune sans
rivale à cette époque. De 1769 à 1780 Philippe-
Égalité ne reçut pas moins de *quatre millions* de
son beau-père le duc de Penthièvre, fils d'un bâtard de Louis XIV, le comte de Toulouse (1). Si l'on
ajoute à ces sommes un don de 100,000 livres fait
par Louis XV en 1769 et un capital de *six millions*
réalisé aux dépens du Trésor par la vente de Saint-
Cloud à Marie-Antoinette (1784); les biens de
M. de Penthièvre et le château de Saint-Cloud,
apanage du premier d'Orléans, appartenant en
droit régalien à la couronne; il en résulte qu'en
onze ans, Philippe-Égalité eut le talent de sous-
traire au Trésor et au domaine *dix millions cent
mille livres.*

Et par quel moyen? Par un mariage dit d'inclina-
tion, mais que l'avenir prouva bien n'avoir été dicté
que par l'intérêt et dans le but d'accaparer l'immense apanage des bâtards de Louis XIV recueilli
par leur unique héritier, le duc de Penthièvre. Le
morceau était tentant. La fortune du duc de Penthièvre était la seule en Europe qui pût rivaliser
avec celle des Orléans.

Malheureusement, pendant que l'étoile politique
de Philippe devenait de jour en jour plus brillante,

---

1. Contrat de mariage de Marie-Louise-Adélaïde de Bourbon-
Penthièvre. — Lettres patentes de Louis XV (1769). — Requête
de Mme la duchesse d'Orléans près le tribunal du 1er arrondissement
de Paris.

grâce à l'or qu'il semait habilement, son étoile financière commençait à pâlir. L'héritage que lui avait légué son père était déjà hypothéqué ; les prodigalités du nouveau duc ne tardèrent pas à rendre sa situation encore plus embarrassée, en dépit des dons de M. de Penthièvre, de la vente de Saint-Cloud et des richesses artistiques que le Régent y avait accumulées.

Ne voulant pas abandonner les espérances que les fautes de la cour augmentaient sans cesse et que flattaient les quelques bourgeois mécontents qui s'étaient ralliés autour de lui, Philippe-Égalité résolut de consolider son crédit chancelant par des spéculations.

« Il renversa de fond en comble le jardin du
» Palais-Royal, dit un historien de la Révolution ;
» fit un procès aux propriétaires ses voisins, et
» travestit sa demeure en une foire, en un marché.

» Par l'exécution de ce projet, il remplissait dou-
» blement ses vues ; premièrement, la location des
» boutiques qu'il faisait construire devait lui rap-
» porter une somme considérable ; secondement,
» les nombreux ouvriers qu'il employait devaient,
» suivant lui, produire une grande quantité de
» gens dévoués à ses volontés.

» Enfin ce fastueux cloaque s'avançait..... Tout
» ce qui peut servir à corrompre les mœurs se ras-
» semblait sous ces portiques ; salle de comédie,
» tripots, cafés, mauvais lieux, tout s'y trouvait
» entassé..... Philippe avait encore employé un

» autre moyen pour augmenter sa fortune : lors-
» que ses boutiques et ses appartements furent
» loués à un prix excessif aux marchands de frivo-
» lités, aux impures, aux banquiers des tripots, il
» mit en vente les maisons qu'il avait fait bâtir, et
» il gagna prodigieusement sur cette vente (1). »

On voit par ce portrait, qui paraît assez authen-
tique, comment Philippe menait de front les affai-
res et la politique. Cette attitude et particulière-
ment la rareté de ses visites éveillèrent l'attention
de la cour. La reine lui adressa des reproches. Philippe répondit que ses bâtiments l'occupaient beaucoup. Cette réponse fit rire M. d'Artois, qui dit à
la reine : « Que voulez-vous, depuis que mon cousin
» est devenu garçon de boutique, il ne sort plus
» que les dimanches. »

Toutes ces spéculations augmentèrent considé-
rablement les revenus de Philippe, mais ne purent
combler le déficit qu'avaient ouvert les prodigalités
de son père et les exigences de sa propre politique.
La loi de 1790 (21 décembre) vint encore aggraver
sa situation. L'Assemblée nationale supprima les
apanages, et les remplaça par des rentes annuelles.
Philippe-Égalité fut ménagé entre tous les princes.

Sur la proposition d'Enjubault, il reçut en échange
de ses apanages *deux millions cinq cent mille livres
de rente*, plus *un million* de traitement et, faveur ex-
traordinaire autant qu'extralégale, ses partisans de

---

1. *Mémoires pour servir à l'Histoire de la Révolution française,*
(an II).

l'Assemblée obtinrent que le Palais-Royal fût excepté de la révocation prononcée contre les apanages. Étant donnée la nouvelle loi, Philippe-Égalité gagnait à cette exception 20 à 30 millions. Cette mesure lui permettait de contracter sur les nouvelles constructions qu'il avait fait élever autour de son palais des engagements hypothécaires considérables. Il avait, par ce moyen, le double avantage de payer une partie de ses dettes et de se faire un grand nombre de partisans. Cependant, poursuivi de toutes parts et ne pouvant plus satisfaire à aucun de ses engagements, il fut contraint de réunir ses créanciers et de passer avec eux un concordat, le 9 janvier 1792.

Voici quel était, quatorze mois auparavant, l'état de sa fortune :

TABLEAU

des biens de la famille d'Orléans, en 1790.

BIENS APANAGERS.

Domaines, bois et droits seigneuriaux du duché et département d'Orléans, y compris les domaines de Chartres, Nemours, Romorantin, Montargis et Dourdan.......................	1.823.499 livres.
Domaines et biens de Valois, Coucy et Pierrefonds.....................	1.116.834 —
Domaines de Soissons, Laon et Noyon, bois de la Ferté....................	300.542 —

Indemnité sur la ferme des postes. —
Canal d'Ourcq.— Devis de casualités
des offices dans l'apanage......... 156.000 livres.
Droits d'aide, de contrôle, insinuation
laïque, centième denier, sols pour
livres et autres, tenus tant à titre
d'apanage que d'abonnement...... 1.870.586 —
Domaines de Montpensier (duché),
Mortain, Fère en Tardenois, canaux
d'Orléans, Loing, Briare, Domfront,
Carentan et Saint-Lô, terres et droits
apanagers venant de Gaston d'Orléans, des Penthièvre, de Maine et
Toulouse, etc .... 1.079.349 —

6.346.810 livres.

BIENS DITS PATRIMONIAUX.

Domaine	de Joinville...............	390.324	livres.
—	d'Auge...................	337.197	—
—	d'Avesnes...............	424.489	—
—	de Comines et Halwin.....	40.000	—
—	du Beaujolais.............	43.759	—
—	de Châtillon-les-Dombes....	1.650	—
—	de Livry.................	52.000	—
—	de La Motte.............	23.000	—
—	de Marcuil..............	8.000	—

1.320.419 livres.

OMAINES ENGAGÉS.

Domaine	d'Étampes et la Ferté Alais.	38.000	livres.
—	de Chaumont en Bassigny..	16.000	—
—	de Vassy.................	4.400	—
—	de Saint-Dizier...........	36.000	—

94.400 livres.

RENTES ET INTÉRÊTS.

Rentes perpétuelles sur le roi.........	99.347	livres.
Rentes viagères....................	211.000	—
Intérêts sur le roi	291.235	—
Rentes perpétuelles sur les particuliers	32.302	—
Rentes viagères....................	13.500	—
Locations de maisons..............	101.303	—
Intérêts de capitaux des maisons ven- dues autour du Palais-Royal.......	397.012	—
	1.145.699	livres.

Huit millions neuf cent sept mille trois cent vingt-huit francs, tel était le revenu de la maison d'Orléans en 1790. Or, en 1792 il n'en restait plus un écu. La politique de Philippe-Égalité avait tout dévoré. La branche cadette avait joué sa fortune contre le trône de France, croyant n'avoir devant elle qu'un seul partenaire, la monarchie légitime. Heureusement la République vint renverser tous ces plans. En vain le duc d'Orléans chercha-t-il à se constituer un parti dans l'Assemblée. La révolution qui s'accomplissait devait avoir une autre moralité qu'un changement de dynastie. La monarchie sombra tout entière dans la tempête et Philippe lui-même, convaincu de trahison envers la République dont il s'était fait inutilement le flatteur, expia cruellement son ingratitude envers la royauté et ses complots contre la nation.

DEUXIÈME PARTIE.

IV.

Louis-Philippe d'Orléans. — Donations considérables que lui font
Louis XVIII et Charles X. — Violation en sa faveur du droit
monarchique. — Honteuse liquidation de son héritage paternel.
— Soustractions de pièces aux archives. — Ses procès scandaleux.

L'ambition effrénée de Philippe d'Orléans, ses
immenses prodigalités, ses intrigues qui devaient
le mener au trône ne le conduisirent qu'à l'écha-
faud. C'est au fils de Philippe-Égalité, au duc de
Chartres, qu'il était réservé de récolter la moisson
semée par son père.

Le jour du triomphe fut lent à venir et, dans l'é-
migration où il s'était jeté à la suite de Dumouriez,
le jeune duc d'Orléans dissimula, soigneusement,
son ambition secrète et ses espérances. Il prodigua
aux Bourbons les protestations de dévouement et
témoigna le plus profond regret de ce qu'il appelait
es égarements révolutionnaires.

Pour ne laisser aucun doute sur son repentir et sur sa conversion, celui qui devait être plus tard Louis-Philippe Ier sollicita un commandement de la régence de Cadix et, de 1809 à 1810, fit à la tête d'un corps d'armée espagnol, de concert avec les Portugais et les Anglais, la guerre à la France.

En 1810, nous ne savons pour quel motif, son commandement lui fut enlevé, et le duc d'Orléans retourna auprès de son beau-père, le roi de Sardaigne. Il y resta jusqu'à Waterloo.

Dès les premiers jours de la Restauration, on le voit accourir à Paris et apporter aux Bourbons l'hommage de son dévouement.

Louis XVIII avait trop d'esprit pour croire aux protestations de son cousin d'Orléans. Il l'accueillit cependant avec bonté et lui rendit, avec le titre d'Altesse Sérénissime, tout ce qui n'avait pas été vendu de l'apanage de son père repris par l'État pendant la Révolution.

Cette restitution, qui donnait au duc d'Orléans une fortune de *cent millions* environ, était illégale, non-seulement au point de vue du droit nouveau, mais encore au point de vue du droit monarchique (1).

On se rappelle qu'une loi de 1790 avait aboli tous les apanages et donné comme indemnité à chacun

---

1. La loi qui détruisit les apanages est du 21 décembre 1790. A cette époque, Louis XVI était roi. La loi sur les apanages n'est donc pas une loi révolutionnaire, puisqu'elle a été sanctionnée par le roi.

des princes apanagistes un million de rentes annuelles sous le nom de rentes apanagères.

En ce qui concernait les membres de la branche
aînée, la loi fut exécutée. Le comte d'Artois ne
rentra pas en possession de son apanage et reçut
la rente stipulée. Il ne fut constitué d'apanage ni
pour le duc de Berry, ni pour le duc d'Angoulême.

Seul, le duc d'Orléans réclama le sien, et c'est
un spectacle assez curieux que de voir le futur roi-
citoyen, le champion des idées dites libérales, l'ad-
versaire de l'ancien régime, évoquer ses droits
féodaux quand la famille royale de France sacrifiait
les siens au respect de la loi.

Cette loi, garantie par la Charte et violée en
faveur du duc d'Orléans, était si formelle que
Louis XVIII n'osa pas faire insérer au *Moniteur* les
ordonnances illégales du 18 et du 20 mai 1814 qui
rendaient à son parent l'apanage d'Orléans.

Le roi ne se contenta pas de rendre au duc d'Orléans son apanage et ses biens patrimoniaux. Il lui
donna plus encore.

En 1792, Philippe-Égalité avait passé avec ses
créanciers un concordat qui leur abandonnait tous
ses biens pour payer ses dettes. Celles-ci, à la mort
de Philippe, en 1793, s'élevaient au chiffre énorme
de 74 millions de francs. Quand les biens du duc
d'Orléans furent mis aux enchères, l'État en acheta
la plus grande partie, et paya aux créanciers (aux-
quels il se substitua) une somme de 37 millions
740,000 francs. Cette somme aurait dû, tout au

moins, être retenue au duc d'Orléans sur la succession paternelle, mais Louis XVIII n'y songea point et Louis-Philippe n'eut garde de réclamer.

Ce royal cadeau ne satisfit pas cependant l'avidité du duc d'Orléans qui entama une série de procès contre le Trésor, contre l'administration des domaines, contre les acquéreurs de biens nationaux et contre sa mère Madame Louise de Bourbon-Penthièvre, duchesse douairière d'Orléans.

Pour soutenir tous ces procès, il fallait au duc d'Orléans et à ses avocats de nombreuses pièces et de nombreux documents. Afin de se les procurer, le duc se fit donner par une ordonnance royale du 17 septembre 1814 l'autorisation d'enlever aux Archives de l'État, à la Cour des comptes et à l'Administration des domaines, tous les titres, comptes, plans, baux, contrats, donations, testaments, inventaires, partages, procès-verbaux d'arrangement et papiers de toute nature concernant les anciens domaines de la maison d'Orléans.

Tous ces documents, qui ne comprenaient pas moins de dix-sept cent trente-cinq articles contenus dans cent quatre-vingt-dix cartons, furent enlevés le jour même où fut rendue l'ordonnance royale.

Pendant les Cent-Jours ces pièces furent réintégrées aux Archives. Mais à la seconde Restauration elles furent enlevées de nouveau et depuis elles ne sont pas rentrées en la possession de l'État, leur seul et légitime propriétaire.

Tous les procès entamés par le duc d'Orléans

furent interrompus par le retour de l'île d'Elbe.

Après Waterloo, le duc reprit les actions précédemment engagées. L'énumération de tous ces procès serait fatigante. Nous citerons seulement pour mémoire l'action qu'il intentait au Trésor public et celle qu'il poursuivait contre sa mère.

Sur cette dernière affaire le roi se fit adresser un mémoire par le comte de Bruges. « Comme c'était » un homme d'honneur et de probité, les conclu- » sions furent toutes en faveur de la duchesse et une » ordonnance royale qui termina le différend fut » portée au duc par le rapporteur lui-même (1). »

En même temps qu'il plaidait contre sa mère et contre le Trésor public, le duc d'Orléans plaidait contre la ville de Paris, à propos des eaux du canal de l'Ourcq.

Aucun des membres de la commission chargée de juger le litige entre le prince et le préfet ne doutait du jugement à intervenir et du droit absolu de la ville ; cependant, pour éviter les interminables procès que l'humeur chicanière du duc d'Orléans faisait prévoir, le rapporteur de la commission conclut à des offres conciliantes et proposa de constituer au prince une rente de 20,000 francs. Celui-ci en demanda 30,000 qui lui furent concédés, tout en le croyant au fond, dit le rapport, mal fondé dans le trouble qu'il venait de faire éprouver à la ville.

1. Michaud, *Biographie de Louis-Philippe*, p. 138.

Cette affaire, dont on parla beaucoup, mécontenta vivement Charles X, à cause de la défaveur qui en rejaillissait sur la famille royale.

Aussi, quand le roi apprit que le duc d'Orléans, s'appuyant sur les droits que paraissaient lui donner quelques vieux parchemins, intentait à 300 communes du département de la Manche un procès qui atteignait près de 30,000 propriétaires, il lui donna l'ordre de suspendre la poursuite.

Louis-Philippe se désista ; mais, pour ne rien perdre, il vendit ses droits à une société qui se fonda pour les faire valoir et qui continua l'action commencée.

Ces contestations judiciaires jetaient dans le pays une grande perturbation, et par les inquiétudes qu'elles inspiraient aux acquéreurs de biens nationaux ébranlaient la solidité du trône nouvellement rétabli. Ces considérations politiques n'arrêtèrent pas le duc d'Orléans

Cependant la branche aînée venait d'acquérir de nouveaux titres à sa reconnaissance.

Depuis longtemps, Louis-Philippe désirait qu'une loi votée par la Chambre lui confirmât la jouissance de son apanage qu'il ne possédait qu'en vertu de l'ordonnance de 1814, ordonnance dont il connaissait mieux que personne l'illégalité.

Il avait fatigué Louis XVIII de ses sollicitations à ce sujet, mais le roi avait toujours résisté à sa demande, préférant laisser à la donation son caractère révocable et craignant, avec raison, de donner trop de puissance au duc d'Orléans.

Charles X, plus faible, fit voter la loi sur l'apanage d'Orléans avec sa liste civile, lors de son avénement au trône; donna à Louis-Philippe le titre d'Altesse Royale et l'inscrivit pour *dix-sept millions* dans le milliard d'indemnité à payer aux émigrés.

Peu d'années avant, le duc d'Orléans avait hérité de sa mère dont le douaire, reconstitué par Louis XVIII, s'élevait à la somme de *vingt-six millions*.

Disons en passant que ce douaire, composé presque entièrement de l'ancien apanage du duc de Penthièvre, père de la duchesse, ne pouvait légalement revenir à sa fille ni conséquemment au fils de celle-ci (1).

Cette fortune énorme, Louis-Philippe la défendait avec une habileté de procureur. La liquidation des dettes de son père fut une véritable faillite. Pour tous les titres périmés il invoqua la prescription, ce que la plus vulgaire honnêteté aurait dû lui interdire. Quant aux créances, dont il ne put pas contester la validité, il leur accorda pour la plupart 12 p. 100 du capital. La somme employée par le duc d'Orléans à payer les dettes laissées par son père dépassait à peine le revenu d'une année de son apanage.

---

1. En vertu de l'ordonnance de Charles IX du 9 février 1566, les apanages ne pouvaient tomber en quenouille, c'est-à-dire passer aux filles des maisons apanagées. A défaut d'héritier direct et mâle, les apanages devaient faire retour à l'État.

Des apologistes de la famille d'Orléans ont contesté ce fait et prétendu que Louis-Philippe avait consacré 10 millions au paiement de ces dettes. Soit ! Nous acceptons leur chiffre. Mais nous leur demanderons comment, avec *dix millions* de francs, Louis-Philippe avait pu solder les *trente-sept millions* qui restaient encore à la charge de la mémoire de son père, bien que l'État eût déjà payé, comme nous l'avons dit plus haut, 37,740,000 fr., c'est-à-dire la moitié des dettes de Philippe-Égalité ?

V.

Révolution de 1830. — Le duc d'Orléans, lieutenant général. — Son ingratitude envers la branche aînée. — Donation à ses enfants. — Liste civile de Louis-Philippe.

La révolution de 1830 donna une proie nouvelle et la plus belle de toutes à l'insatiable avidité du duc d'Orléans. Le jour si désiré et si longtemps attendu vint enfin où la couronne de France passa de la branche aînée à la branche cadette des Bourbons. Le 29 juillet le trône du vieux Charles X s'écroulait sous l'orage populaire et Louis-Philippe était au comble de ses vœux.

Ce n'est pas qu'il fût amoureux du pouvoir et qu'il désirât une grande autorité pour faire de grandes choses, non. Louis-Philippe n'était pas un ambitieux, dans le sens politique du mot. S'il avait voulu être roi, c'est parce qu'il ne connaissait pas de fonction qui fût mieux appointée.

Peu lui importait d'être un roi soliveau. A ses yeux le rang suprême était quelque chose de semblable à ce qu'avait imaginé Sieyès dans le projet de constitution proposé par lui à son complice Bonaparte, après l'attentat du 18 Brumaire.

D'après ce joli projet, le premier magistrat de la République était investi sous le titre de grand Électeur d'une sinécure de 60 millions par an. Dans la pensée de Sieyès le grand Électeur futur, c'était lui. D'un seul mot Bonaparte tua la constitution de Sieyès. « Qui donc, lui dit-il ironiquement, voudrait » accepter cette place de porc à l'engrais ? »

Sieyès n'eut pas le courage de son opinion et n'osa pas répondre : moi. Louis-Philippe eût certainement été plus brave.

Dans la révolution de 1830 préparée de longue date par les intrigues orléanistes, Louis-Philippe ne vit qu'une bonne affaire qui allait lui faire gagner beaucoup d'argent. Rien de plus.

L'histoire des journées de Juillet est faite depuis longtemps. Nous n'en parlerons donc pas. D'ailleurs c'est uniquement des finances de la famille d'Orléans, ce n'est pas de sa politique que nous nous occupons. Mais sans sortir du cadre que nous nous sommes imposé nous pouvons citer ici une anecdote des trois journées rapportée par M. de Montalivet, l'ami constant de la maison d'Orléans.

Cette anecdote destinée, dans le récit de M. de Montalivet, à montrer la grandeur d'âme de Louis-Philippe, fera voir que ses générosités ne lui coûtaient pas cher (1).

« Dans les premiers jours de la révolution de

____

1. *Le roi Louis-Philippe*, par M. le comte de Montalivet.

» 1830, le duc d'Orléans apprit par un message
» signé Charles X, que ce prince avait besoin de
» 600,000 fr. en or et que le porteur devait faire
» en sorte de les lui procurer.

» Le duc d'Orléans répondit au général envoyé
» par le roi Charles X, que la somme d'argent qu'il
» venait chercher allait être mise à sa disposition.
» Il écrivit sur-le-champ au baron Louis, ministre
» des finances, pour l'inviter à remettre au géné-
» ral *** 600,000 en or destinés au roi Charles X. »

« Je couvrirai, ajoutait le duc d'Orléans, le Tré-
» sor public de cette avance. »

A la suite viennent les éloges que l'ancien inten-
dant de la liste civile croit devoir décerner à la générosité de son maître.

Il est vraiment fâcheux que M. le comte de Montalivet ait oublié de nous dire à quelle époque ces
600,000 francs furent remboursés au Trésor par le
roi Louis-Philippe. Nous avons, pour notre part,
longuement cherché la date de cette restitution, et
comme nous ne l'avons pas trouvée, nous nous
croyons en droit, jusqu'à preuve du contraire, de
croire que ces 600,000 francs n'ont pas été rendus.

Le duc d'Orléans eût-il remboursé cette somme,
que sa générosité envers le vieux roi son parent,
vaincu par l'insurrection parisienne, s'expliquerait
aisément par l'intérêt qu'il avait à voir Charles X
s'éloigner au plus vite de Paris et de la France.

Ce qui indique mieux, selon nous, les véritables
sentiments de Louis-Philippe pour la famille qui

l'avait comblé de bienfaits, c'est l'ordre donné par lui au capitaine chargé d'escorter avec une frégate le navire qui emportait sur la terre d'exil Charles X, le duc de Bordeaux et les autres membres de la famille royale. Le capitaine Thibault avait l'ordre de COULER BAS le navire, si celui-ci faisait mine de revenir vers les côtes de France.

Nous aurions. mis en doute cet ordre barbare, si nous n'avions là-dessus le témoignage de Louis Blanc dans son *Histoire de dix ans* et celui de M. de Lourdoueix, l'ancien rédacteur en chef de la *Gazette de France.*

Voilà ce que l'amour de l'or faisait faire à ce prince qu'on a voulu nous donner comme type de l'honnêteté bourgeoise, une action qui rappelle la tentative de Néron essayant de faire noyer sa mère Agrippine sur un vaisseau machiné pour s'ouvrir et sombrer en pleine mer !

Louis-Philippe, qui avait gagné la plus belle couronne du monde à la révolution de Juillet, n'entendait pas payer cette couronne du prix de son immense fortune.

Pour éluder l'article de la Charte réunissant à l'instant même et de plein droit à la couronne les biens particuliers du prince qui parvenait au trône, le duc de Orléans, quand il sut qu'il allait être nommé roi, fit à ses enfants, le duc de Chartres excepté, la donation de la nue propriété de sa fortune dont il se réserva l'usufruit.

Cette donation comprenait l'apanage d'Orléans,

les biens patrimoniaux et l'héritage de la duchesse douairière.

Il ne nous a été pas possible de fixer la valeur de cette donation. Les pièces soustraites aux archives par le duc d'Orléans en 1815 nous auraient seules permis de faire exactement ce calcul.

Voici les chiffres fournis par l'acte de donation enregistré par M. Boucher, greffier de la justice de paix du 2ᵉ arrondissement et portant à 1,365,523 fr. les revenus annuels des biens cédés par Louis-Philippe à ses enfants, ce qui supposerait en terres un capital d'environ *cinquante millions*. La donation comprenait en outre des créances en actions diverses pour une somme d'environ *sept millions*.

Nous savons par expérience qu'il faut se défier des estimations faites par la famille d'Orléans de sa propre fortune.

Ainsi, en 1790, le comité des finances acquit la certitude que l'ensemble des revenus des biens constituant l'apanage s'élevait à 5,755,561 livres.

L'administration des domaines du duc d'Orléans ne les portait qu'à 4,965,901 livres.

Différence 789,660 livres sur le revenu annuel. Beaucoup plus tard, en 1840, quand Louis-Philippe demanda à la Chambre de constituer un apanage pour son fils le duc de Nemours, nous voyons un acte de mauvaise foi semblable.

Le ministère avait systématiquement déprécié les revenus de Rambouillet afin d'y faire ajouter les bois de Senonches, de Châteauneuf et de Montécaut pour constituer au fils du roi un apanage de 500,000 livres de rente.

M. de Cormenin rectifia les chiffres du ministère et prouva que la dotation proposée rapporterait au jeune prince, non pas 500,000, mais 817,000 livres de rente. Comme ce projet de dotation avait dû être retiré devant la défaveur qui l'avait accueilli, Louis-Philippe revint à la charge. Il fit demander à la Chambre, par son ministère, en se fondant sur l'insuffisance du domaine privé, une rente annuelle de 500,000 francs pour le duc de Nemours et 500,000 pour dépenses de mariage et frais d'établissement. Le projet de loi fut rejeté, mais la discussion nous fournit un nouvel exemple de la mauvaise foi constante de la famille d'Orléans quand elle est obligée de mettre sous les yeux du public le chiffre de sa fortune.

Le ministère, sur une note émanant des Tuileries, évaluait à 188,870 francs le revenu de la forêt de Breteuil achetée par Louis-Philippe au banquier Laffitte et faisant, depuis 1830, partie du domaine privé. Quand le ministre eut fini de parler, M. Laffitte monta à la tribune et déclara que la forêt de Breteuil rapportait 362,000 francs, et que, depuis 1840, elle valait plus de 14 millions par l'extinction des servitudes (1).

On voit, par ces trois exemples, que les chiffres fournis par la famille d'Orléans ne doivent pas être

1. *Moniteur universel*, séance du 16 février 1840.

acceptés sans contrôle, et que nous sommes autorisés à ne pas croire sur parole le duc d'Orléans ou ses familiers.

A propos de cette donation, Louis-Philippe trouva le moyen de faire, aux dépens du Trésor public, un petit bénéfice.

Voici comment :

Le duc d'Orléans devait payer pour frais d'enregistrement de l'acte de donation la somme de 1,299,268 francs 96 centimes.

Cette somme fut, conformément à l'usage, payée en trois échéances :

Le 2 juillet 1831.......... 603,981 fr. 96 c.
Le 17 décembre 1831...... 256,920   »
Le 16 avril 1832.......... 438,367   »

Mais, en 1833, Louis-Philippe prétendit que la donation à ses enfants devait être considérée comme donation portant partage et non pas comme une donation pure et simple.

On comprendra l'intérêt qu'il y avait à établir cette différence, quand on saura que les droits d'enregistrement d'une donation simple sont doubles à peu près des droits d'une donation contenant partage.

Louis-Philippe, quoiqu'il eût acquitté, déjà depuis deux ans, les droits d'une donation pure et simple, réclama à l'État la restitution d'une somme de 539,888 francs 40 centimes, se fondant sur la distinction qu'il voulait faire accepter.

Un arrêt de la Cour de cassation du 25 avril 1836 légitima cette restitution. Ce serait le cas ou jamais de dire, à propos de cet étrange arrêt, qu'on n'a d'intérêt à légitimer que ce qui n'est pas légitime. Notre respect pour la magistrature royale, devenue plus tard la magistrature impériale, nous interdit de plus longs commentaires.

Cependant, sans vouloir entrer dans une discussion juridique, forcément ennuyeuse, nous tenons à constater que la donation du 7 août 1830 était une donation pure et simple, attendu que pour constituer une donation avec partage, il eût fallu, selon la loi, que tous les enfants sans exception du duc d'Orléans bénéficiassent de la donation. Or le duc de Chartres, héritier présomptif de la couronne, fut exclu de la donation. Donc c'était bien une donation pure et, malgré l'arrêt de la Cour de cassation, Louis-Philippe n'avait aucun droit à reprendre cette somme de 539,888 francs 40 centimes, dont ses héritiers doivent aujourd'hui à l'État le capital et les intérêts depuis 1836.

Louis-Philippe dut attendre pendant deux ans que la Chambre des députés lui votât sa liste civile, et, assurément, ces deux années-là lui parurent les plus longues de sa vie.

N'allez pas croire au moins que le nouveau roi attendit ce vote pour toucher ses appointements. Il les toucha dès son avénement, et il les toucha même si bien, que dans le courant des deux premières années de son règne, il avait perçu *neuf mil-*

lions de trop, que la Chambre lui abandonna géné-
reusement quand elle fixa la liste civile.

C'était un joli don de joyeux avénement qui aurait satisfait les.plus exigeants. Mais Louis-Philippe
était ainsi fait, que recevant 1 million, il eût ré-
clamé des centimes additionnels.

Outre les 9 millions perçus en trop dont il voulait
que la Chambre lui donnât quittance, il chargea
son ministère de demander aux députés le rem-
boursement d'une somme de 800,000 francs qu'il
avait, prétendait-il, dépensés pour la Révolution
de juillet.

Ses ministres n'osèrent pas transmettre à la
Chambre cette réclamation ridicule d'un homme
qui devait sa couronne à la Révolution de 1830.

Louis-Philippe avait demandé tout d'abord à son
ministre Laffitte une liste civile de 20 millions que
celui-ci lui refusa net. Le roi abaissa alors ses prétentions et ne demanda plus que 18 millions, dont
voici le détail, d'après une note transmise à la commission parlementaire :

Dépenses personnelles....................	160.000	livres.
Cassette...............................	300.000	—
Cabinet...............................	60.000	—
Bibliothèque, souscriptions..........	250.000	—
Dépenses personnelles et bienfaits.....	1.000.000	—
Aides de camp du roi...............	360.000	—
Dépenses de la Chambre.............	230.000	—
Chambre, chapelle, traitements......	40.000	—
Musique, loges au théâtre, représenta- tions à bénéfice...................	300.000	—

Gages..........................	650.000	livres.
Habillement et livrée...............	200.000	—
Lingerie et blanchissage............,	100.000	—
Chauffage.........................	250.000	—
Éclairage	370.000	—
Bouche et office...................	750.000	—
Cave..............................	180.000	—
Écurie : 300 chevaux...............	900.000	—
Haras de Meudon...................	120.000	—
Intendance générale...............	480.000	—
Archives de la couronne............	25.000	—
Trésor............................	320.000	—
Caisse de vétérance...............	860.000	—
Secours et pensions...............	1.500.000	—
Mobilier et personnel...............	1.200.000	—
Manufacture de Sèvres	226.000	—
— des Gobelins...........	288.000	—
— de Beauvais...............	78.000	—
Beaux-arts et musées...............	450.000	—
Objets d'art......................	500.000	—
Monnaie et médailles...............	406.000	—
Forêts et domaines.................	1.100.000	—
Bâtiments, personnel et matériel.....	3.050.000	—
Service de santé	80.000	—
Frais de voyage....................	1.000.000	—
Fêtes et cérémonies...............	400.000	—
Présents..........................	150.000	—
Fonds de réserve pour tous les services.....................	200.000	—

A l'unanimité, la commission, composée de MM. Duvergier de Hauranne, Anisson-Duperron, Étienne, Jacques Lefèvre, Genin, de Rémusat, Thouvenel et Cormenin, repoussa les prétentions exorbitantes de Louis-Philippe. C'est de cette époque que datent les fameuses *Lettres sur la liste civile*, de M. de Cormenin, qui portèrent dès les premiers jours de son règne un si rude coup au roi des barricades.

La place nous manque pour citer ici même quelques courts extraits de ces pages éloquentes et indignées où Timon flétrissait la cupidité de la maison d'Orléans. Nous nous contenterons de rappeler que MM. Thouvenel et Cormenin, fixant l'actif de la dotation, de l'apanage et de l'usufruit à 7,523,000 fr. et trouvant le moyen de supprimer sur le budget de 13,523,000 francs proposé par la majorité de la commission 2 millions par an, demandaient que l'État ne payât annuellement à Louis-Philippe qu'une somme de 4 millions qui devaient lui suffire avec sa fortune personnelle, dont il gardait, comme on sait, l'usufruit pour tenir dignement son rang.

La commission n'accepta pas les raisons de M. de Cormenin, et la liste civile du roi fut fixée à 13 millions. Si on ajoute à cette somme les 7,523,000 francs qui formaient les revenus de ses biens particuliers, on voit que la famille d'Orléans eut pendant dix-huit ans, de 1830 à 1848, une rente annuelle de 20,500,000 francs, c'est-à-dire qu'elle jouit pendant ces dix-huit années des revenus d'une fortune dont le capital est presque d'un DEMI-MILLIARD.

Nous nous trompons, la maison d'Orléans était beaucoup plus riche, car nous n'avons pas encore parlé de l'immense héritage qu'elle recueillit par la mort du dernier prince de Condé, trouvé pendu, le 26 août 1830, à l'espagnolette d'une fenêtre de sa chambre à coucher, au château de Saint-Leu.

Le prince de Condé s'est-il suicidé ou, comme le disait Talleyrand, *a-t-il été suicidé ?* Telle est la question que tout le monde se posa, au lendemain même de l'événement.

S'il y eut quelque doute à cette époque, il ne peut plus y en avoir aujourd'hui. Tous ceux qui étudieront cette affaire acquerront la conviction que nous ont fournie les recherches auxquelles nous nous sommes livrés et diront comme nous : Le dernier prince de Condé est mort assassiné.

« Trente-deux lettres tant de Louis-Philippe que
» de Marie-Amélie, du prince de Condé et de ma-
» dame de Feuchères, trouvées aux Tuileries après
» le 25 février 1848, jettent, dit un historien, un
» jour nouveau sur la mort du prince de Condé.

» La future victime de Saint-Leu y est envelop-
» pée de toutes parts et comme préparée au sacri-
» fice... Il est impossible que tout cœur honnête ne
» se sente pas ému et indigné à l'aspect de cette
» correspondance, sorte de préface d'un grand
» crime.

» On va objecter peut-être que les tribunaux ont
» eu plus d'une fois à s'occuper de cette sinistre tra-
» gédie. D'illustres orateurs ont demandé compte
» à la justice du sang du dernier des Condé et jus-
» qu'à présent la justice a répondu par des ordon-
» nances de non-lieu; mais ce qui était douteux
» pour la conscience au temps du procès arrive

» par la découverte faite aux Tuileries à l'état de
» fait certain (1).

» C'est en 1827 que commence l'intrigue. Dès
» le début, M. de Talleyrand trace le plan de cette
» campagne et M. de Condé se trouve enveloppé
» de ces trois personnages si habiles, le duc d'Or-
» léans, madame la baronne de Feuchères et M. de
» Talleyrand.

» Que vouliez-vous qu'il fît contre trois ?

» Hélas ! la réponse n'est que trop conforme au
» vers de Corneille (2). »

Sophie Dawies était depuis longtemps la maîtresse du vieux prince qui l'avait amenée avec lui en France, en 1815. Pendant l'émigration elle avait épousé, pour sauver les apparences, le baron de Feuchères, un honnête homme longtemps trompé par cette intrigante et qui rompit avec éclat son mariage quand il connut l'infamie dont on avait voulu le faire complice.

Le retentissement de ce procès fit interdire à madame de Feuchères l'entrée des Tuileries, et c'est pour obtenir de rentrer dans ce palais, d'où elle avait été chassée, que la baronne entama ses premiers rapports avec la famille d'Orléans. Madame de Feuchères s'engagea à faire adopter le duc d'Aumale, second fils du duc d'Orléans, par le prince de Condé son parrain, à condition que le duc

1. Lassalle, *Histoire politique de la famille d'Orléans.*
2. *Ibidem.*

d'Orléans la recevrait au Palais-Royal et la ferait, par son influence auprès du roi, rentrer aux Tuileries.

Pour se concilier la protection de la famille d'Orléans, madame de Feuchères avait d'autres motifs encore et ceux-là n'étaient pas uniquement tirés de sa vanité de femme.

Elle avait obtenu du prince de Condé le don testamentaire du domaine de Saint-Leu et de Boissy en 1824 et en 1825 diverses sommes s'élevant à un million.

« Mais, dit Louis Blanc, une inquiétude secrète
» la poursuivait.
» Elle avait à craindre que la mort de son bien-
» faiteur ne la laissât exposée aux attaques des hé-
» ritiers du prince, dépouillés par elle, aux procès
» que la captation provoque, aux clameurs de l'o-
» pinion peut-être, situation délicate qui a fait
» croire aux ennemis de madame de Feuchères,
» qu'en faisant adopter le duc d'Aumale par le duc
» de Bourbon, elle n'avait en vue que de se ména-
» ger le patronage d'une maison puissante. »

Cette opinion de l'historien républicain est également celle d'un écrivain légitimiste, M. Albert de Calvimont et les lettres dont nous nous avons parlé plus haut prouvent que les contemporains ne s'étaient pas trompés sur la nature des liens de madame de Feuchères avec la famille d'Orléans.

Grâce à l'influence qu'elle avait sur le faible

prince, madame de Feuchères lui fit adopter contre son gré le duc d'Aumale et lui fit faire un testament par lequel, sauf sa part à elle, tous les biens du prince de Condé, environ quarante millions (40,000,000) devaient revenir au plus jeune fils de Louis-Philippe.

Sans la révolution de Juillet, le prince de Condé fût mort sans doute de sa mort naturelle. Il avait soixante-quatorze ans, et ses héritiers, malgré leur avidité, auraient probablement attendu une fin qui ne pouvait être très-lointaine.

Les événements de 1830 abrégèrent les jours du prince. Quand il vit le vieux roi qu'il aimait, chassé avec sa famille et partir une troisième fois pour l'exil, il fut saisi d'une pitié profonde pour ses parents proscrits et n'eut pas de peine à oublier les sympathies de fraîche date qu'on avait essayé de lui inspirer pour ses cousins d'Orléans.

Les Bourbons étaient partis dans un dénûment presque complet, et le prince de Condé ne pouvait songer sans verser des larmes au sort du duc de Bordeaux.

Il ne sut pas assez cacher ses sentiments et la résolution qu'il avait d'annuler son premier testament pour en faire un autre en faveur du duc de Bordeaux. De ce jour la mort du prince de Condé fut résolue, car il fallait absolument (nous l'avons expliqué) que d'Aumale fût son principal héritier pour que Mme de Feuchères eût la paisible possession de la part qu'elle s'était fait donner. Nous avons dit plus haut que les preuves de la captation abondaient, qu'aucun doute n'était plus permis à cet égard et que malheureusement pour l'honneur de la famille d'Orléans la nature de ses rapports avec Sophie Dawies n'était que trop démontrée (1).

A propos de l'exécution du crime du 26 août 1830, les preuves ne sont pas moins nombreuses et pas moins décisives. On ne trouve nulle part, notre loyauté nous oblige à le dire, la trace de la complicité de la famille d'Orléans dans la perpétration matérielle de l'assassinat, mais que penser de cette famille qui accepte le sanglant héritage qu'elle savait ne lui être plus destiné dans la pensée de la victime ?

Que penser de la précipitation avec laquelle le testament en faveur du duc d'Aumale fut enregistré le 28 août, deux jours après la catastrophe de Saint-Leu et sans même chercher s'il n'y avait pas, comme tout le faisait supposer, un second testament ? Que penser enfin des efforts faits par les d'Orléans pour empêcher une enquête sérieuse sur les causes de la mort tragique et mystérieuse de leur cousin ? Quand les princes de Rohan, parents

1. Voir : *Assassinat du dernier Condé*, démontré par l'abbé Pelier de Lacroix, aumônier de la victime.

Mensonges et calomnies pour la baronne de Feuchères, par le même auteur.

L'Espagnolette de Saint-Leu, par Augustin Chaho.

(Ce dernier ouvrage, que la famille d'Orléans essaya d'acheter à son auteur, ne se trouvait pas sous Louis-Philippe à la Bibliothèque royale.)

Procès Condé, dans la *Gazette des Tribunaux*.

plus éloignés que les princes d'Orléans, se portèrent partie civile contre la baronne de Feuchères, l'avocat du duc d'Aumale fit cause commune avec l'avocat de la baronne contre celui des princes de Rohan.

La maison d'Orléans avait donc un bien grand intérêt à ce que la baronne ne fût pas reconnue coupable?

Quant au testament, la famille d'Orléans en profita, mais n'en exécuta pas les clauses. Le prince de Condé avait demandé à être enterré à Vincennes à côté du duc d'Enghien son fils. Il fut porté à Saint-Denis.

Il avait en outre ordonné que son château d'Écouen serait érigé en asile pour les fils et petits-fils de Vendéens et de volontaires de l'armée de Condé dont l'entretien serait à la charge du duc d'Aumale, qui devait consacrer à cet effet 100,000 francs par an. Cette seconde clause ne fut pas mieux exécutée que la première. Le prince de Condé était mort, bien mort, on n'était donc plus tenu de montrer du respect pour ses volontés.

Les contemporains ont été justement sévères pour la conduite de la famille d'Orléans dans cette affaire et la postérité n'aura rien à ajouter au jugement porté en 1830 sur ceux qui ont ourdi l'intrigue, exécuté le crime ou profité de l'assassinat.

En vain, dira-t-on, pour laver la mémoire de Louis-Philippe, qu'il n'a pas été complice du meurtre. Mme de Feuchères ne l'eût pas accompli ou fait accomplir, si elle n'avait été certaine que, pour en profiter, le roi feindrait de ne pas y croire, et lui assurerait l'impunité.

Pour éviter la part de responsabilité terrible qui pèse sur elle depuis la nuit du 27 août, la famille d'Orléans avait un moyen bien simple, c'était de repousser cet héritage conquis par le crime. Elle ne l'a pas fait, et a préféré se rendre solidaire de Mme de Feuchères et de ses complices en partageant leur gain.

Jusqu'en 1848 la famille de Louis-Philippe eut la jouissance entière de cette colossale fortune, augmentée pendant dix-huit ans des 13 millions de la liste civile. Sous la présidence décennale, un décret de Louis-Bonaparte, en date du 22 janvier, ordonna le retour à l'État de tous les biens soustraits à celui-ci à différentes époques, pour constituer l'apanage et le domaine privé de la maison d'Orléans; qui conservait encore, après cette restitution, dit un des considérants du décret, *une fortune de cent millions environ.*

Sans prétendre entamer ici une discussion approfondie sur le décret du 22 janvier 1852, nous dirons seulement qu'il n'était pas sans précédent dans notre histoire contemporaine. Louis XVIII, par une ordonnance du 12 janvier 1814, avait pris à l'égard de la famille Bonaparte une mesure semblable à celle que prit en 1852 le prince-président contre la famille d'Orléans.

En 1848, dès les premiers jours de l'établissement de la République, un membre de l'Assemblée constituante, M. Jules Favre, avait présenté une proposition qui avait pour but le séquestre sur les biens de la famille d'Orléans.

En 1832, la duchesse de Berry, lors du soulèvement de la Vendée, avait eu la même pensée. Parmi les projets de décret qu'elle apportait de Massa en France, il en était un concernant les biens personnels de Louis-Philippe, qui devaient être mis sous le séquestre jusqu'à ce que les États généraux eussent prononcé. Enfin, cette mesure contre laquelle la famille d'Orléans réclame, son chef avait eu l'intention de l'appliquer à ses parents de la branche aînée qu'il venait de déposséder. Le 4 août 1832 le ministre des finances présenta à Louis-Philippe un rapport fait sur les ordres du roi, et tendant à dépouiller le duc de Bordeaux de son domaine de Chambord. Seulement, au moment d'agir, le cœur manqua à Louis-Philippe, et le projet de loi qui devait être proposé à la Chambre, appuyé sur les conclusions du rapport, resta dans les cartons du cabinet du roi.

Plus audacieux, Louis-Philippe aurait mis son décret à exécution, car ce ne sont certainement pas les scrupules de conscience qui l'auraient arrêté dans une affaire de ce genre. Ses héritiers ne sont guère autorisés, on le voit, par le passé de leur père à réclamer contre le décret du 22 janvier 1852.

VI.

CONCLUSION.

Lorsqu'une fortune, quelque considérable qu'elle soit, est le résultat du travail et de l'économie, lorsque celui qui la possède l'a obtenue par la création d'une richesse nouvelle, fruit de son labeur et de son génie particulier, la morale et la loi s'unissent pour accorder respect et protection à cette fortune.

Il y a entre la société et le possesseur échange de services. Le capital acquis est constitué par du travail accumulé. Il représente donc la plus honorable des propriétés.

Mais si, profitant du hasard heureux de sa naissance et des priviléges qu'autorise son rang, un membre quelconque de la société vient dérober successivement des parties considérables de la fortune publique; si, usant du crédit fatal que sa position lui donne, le même individu ou la même famille s'octroie la nue propriété de biens dont il n'est, de par la loi, qu'usufruitier, s'il ne rembourse à l'État par aucun service cette appropriation illicite et si, au contraire, cette fortune mal acquise n'a été entre ses mains qu'un instrument de ruine et de corruption, le législateur peut-il accorder respect et protection à cette propriété, fruit de captations successives, de donations illégales, d'appropriations illégitimes et d'interprétations frauduleuses ?

Et si le principe de la propriété est supérieur à ce point, que les plus justes considérations morales ne puissent autoriser le législateur à lui fixer des limites, la raison d'État ne peut-elle détruire ce qu'elle a créé deux cents ans auparavant ? La nation est-elle sans droit pour reprendre à leurs possesseurs d'aujourd'hui les biens qu'on lui a soustraits autrefois sans la consulter ?

Tel est aujourd'hui le problème de haute justice que pose la question des biens de la famille d'Orléans.

C'est en vain que s'appuyant sur le droit civil qu'elle a tant de fois oublié, cette famille voudrait user des bénéfices qu'il accorde aux simples citoyens. L'histoire de sa fortune dans le passé soulève des objections morales telles, que faire droit à sa revendication présente, serait méconnaître les intérêts les plus sacrés de la nation et les lois les plus vulgaires de la politique. Contre les abus ou les crimes des rois et des princes, il n'y a jamais prescription pour les peuples, car nul n'est tenu à un contrat qu'il n'a pas signé, et dans les legs funestes du passé il en est qui méritent inventaire. C'est le cas des réclamations de la famille d'Orléans.

Alors que la France était la propriété d'un homme qui s'appelait Louis XIV ou Louis XV, les d'Orléans ont eu, comme princes de sang, l'usufruit de propriétés considérables et plus d'un million de rentes annuelles sur l'État. Prodigues jusqu'à la folie, avides jusqu'à la rapacité, pour arracher sans cesse au budget de nouveaux trésors, ils ont employé toutes les ressources de l'intrigue, de la diplomatie et de la spéculation; ils ont accepté le déshonneur, pratiqué la fraude, conspiré contre le roi, conspiré contre le peuple et faisant, suivant l'heure, les princes ou les citoyens, mendié des millions à la royauté, escroqué des trônes à la révolution.

Jetant dans le gouffre de l'ambition les énormes richesses que leur avidité dérobait, ils ont reconstitué deux fois, aux dépens de la France, la plus immense des fortunes princières. L'honneur de leurs enfants, les malheurs du pays, les vices de leurs rois, les bassesses de leurs courtisans, les intrigues de l'étranger, tout a été pour eux source de gain; aucun droit public, aucune loi morale, aucune affection, aucun respect humain ne les a retenus; épuisant toutes les formes du scandale, toutes les perversités de l'ambition, leur histoire n'est qu'un long tissu d'ingratitudes et de mensonges. Le trône, au pied duquel ils sont nés, n'a pu leur donner ni la grandeur des rois, ni la vertu des citoyens ; du premier jusqu'au dernier, tous ont gardé cette âme des princes, qu'une de leurs courtisanes comparait si justement à celle des laquais.

Quant aux origines de cette fortune qu'ils revendiquent si fièrement, on les connaît. Le scandaleux mariage du Régent, ses tripotages avec le financier Law, voilà le début ; les donations arrachées à Louis XVIII et à Charles X et finalement la double tragédie de Neuilly et de Saint-Leu, voilà la fin. Que maintenant on totalise les bénéfices de toutes ces opérations diverses, extorsions d'apanages, de pensions, dettes payées par l'État, spéculations frauduleuses et dépenses de liste civile, on arrive au chiffre énorme de 600 millions.

Six cents millions, telle est la somme qu'ont coûtée à la France le frère de Louis XIV et sa famille. Ces 600 millions pris à la nation sous forme d'impôts ou de propriétés, quel usage en a-t-il été fait ? Quels services le pays a-t-il reçus en échange ? Les ruines accumulées par la Régence, la faillite de Philippe-Égalité et la honteuse épopée de juillet se chargent de répondre.

Est-il besoin maintenant de tirer la moralité de cette histoire ?

Louis XIV accable son frère de bienfaits : le Régent déchire le testament de son oncle pour s'emparer du pouvoir.

Louis XV augmente les apanages des d'Orléans : Philippe-Égalité vote la mort de Louis XVI.

La Convention paye les dettes d'Égalité : celui-ci conspire avec l'étranger.

Louis XVIII dérobe plus de 100 millions au Trésor pour enrichir Louis-Philippe : ce dernier vole la couronne de Charles X.

Les républicains bâtissent un trône au duc d'Orléans : Louis-Philippe les envoie dans les cachots de Belle-Isle.

La loi morale, le droit historique et l'intérêt politique sont d'accord pour nous autoriser à repousser la réclamation des princes d'Orléans. Et nous hésiterions, et nous tous, légitimistes et républicains, nous irions de nouveau remettre entre les mains de cette famille funeste l'instrument dont elle s'est si bien servi !

Si nous sommes capables de cette sottise, nous mériterons de la payer, ce que nous la payerons, du prix de la liberté de notre patrie.

MM. les députés, à vous de voir s'il convient de tenter une nouvelle expérience avec la famille d'Orléans.

FIN.

A LA MÊME LIBRAIRIE.

L'Instruction républicaine. Obligation, gratuité, laïcité, par AMÉDÉE GUILLEMIN. 1 vol. in-18.................. 3 50

La Bataille de Sedan. Napoléon III, — Wimpfen; — Ducrot, *suum cuique*, par ***. 1 broch. in-18.................. » 75

Paris pendant le siége (1870-1871), par Arnold HENRYOT. 1 vol. in-18... 1 50

La Commune (1871). — *Le Coup d'Etat de mars. — Paris et Versailles, du 18 mars au 22 mai. — La bataille, les fusillades, l'incendie,* par Lucien LE CHEVALIER. 1 vol. in-18...... 1 50

Histoire de la deuxième armée de la Loire. Pièces officielles et documents inédits, par Charles MENGIN. 1ʳᵉ partie, 1 vol. in-8, 2 fr. — 2º partie, 1 vol. in-8.............. 2 »

Défense de Metz *et la lutte à outrance,* par ROSSEL, capitaine du génie. 2ᵉ édit. Broch. in-8. 25 c. Poste.............. » 85

L'Europe délivrée. Histoire prophétique de 1871 à 1892, par M. Gustave NAQUET, ancien rédacteur en chef du journal *le Peuple,* de Marseille. Broch. in-18, 25 c. Poste........... » 30

Premier et deuxième procès de l'Internationale. 1 vol. in-18, 1 25; par la poste......................... 1 50

Troisième procès de l'Internationale. 1 vol. in-18. 1 50

Association internationale des travailleurs. Origines. — Paris, Londres, Genève, Lausanne, Bruxelles, Berne, Bâle. — Notes et pièces, par E. FRIBOURG, l'un des fondateurs. 1 vol. in-18.. 1 50

Jean Caboche *à ses amis les paysans,* par M. L. GAGNEUR. Broch. in-18, 20 c. Poste........................... » 30

Mésaventure électorale du baron de Pirouëtt, par M. L. GAGNEUR. Broch. in-18, 20 c. Poste.............. » 30

Lettres pour tous, par la veuve d'un soldat. Broch. in-18. 20 c. Poste.. » 30

Coup (le) d'État de Brumaire an VIII (les origines d'une dynastie). Étude historique, par Paschal GROUSSET. 1 volume in-18.. 3 50

Bonaparte *commediante, tragediante,* par Mario PROTH. 1 vol. in-18.. 3 50

Napoléon III, sa vie, ses œuvres et ses opinions. Commentaire historique et critique, par A. MOREL. 2ᵉ édition. 1 vol. in-18.. 3 50

Napoléon III (petite histoire de), par SPULLER. Broch. in-18, 15 c.; par la poste............................ » 25

Ce que coûte un Empereur. *Liste civile de Napoléon III,* par MALARDIER, ancien représentant. Broch. in-18, 50 c.; par la poste.. » 60

Les journées de Napoléon III. Une feuille contenant onze gravures sur bois. 10 c.; par la poste.............. » 15

Imprimerie L. TOINON et Cᵒ, à Saint-Germain.

www.ingramcontent.com/pod-product-compliance
Ingram Content Group UK Ltd.
Pitfield, Milton Keynes, MK11 3LW, UK
UKHW022314120726
13694UKWH00004B/1422